¡VIVA LA TIERRA!
LOS TERREMOTOS

POR SARA GILBERT

CREATIVE EDUCATION • CREATIVE PAPERBACKS

Publicado por Creative Education y Creative Paperbacks
P.O. Box 227, Mankato, Minnesota 56002
Creative Education y Creative Paperbacks son
marcas editoriales de The Creative Company
www.thecreativecompany.us

Diseño y producción de Chelsey Luther
Dirección de arte de Rita Marshall
Traducción de Victory Productions, www.victoryprd.com
Impreso en los Estados Unidos de América

Fotografías de Alamy (Richard Cummins, Alexander Frolov), Dreamstime
(TMarchev), Getty Images (Lloyd Cluff/Corbis, De Agostini/Publiaer Foto,
Dorling Kindersley, Library of Congress/Corbis/VCG, David Weintraub),
iStockphoto (fabiofoto), National Geographic Creative (JAMES P. BLAIR,
GEORGE STEINMETZ), Shutterstock (Filip Fuxa), Spoon Graphics (Chris
Spooner)

**Información del Catálogo de publicaciones de la Biblioteca
del Congreso** is available under PCN 2017935654.
ISBN 978-1-60818-942-7 (library binding)

9 8 7 6 5 4 3 2 1

*Imágenes de portada: **Pueblo en Sicilia (arriba); fisura de Islandia
(abajo)***

TABLA DE CONTENIDO

¡BUSCA REFUGIO!

Los platos traquetean en la alacena. Los libros se caen de los estantes. El suelo está temblando. ¡Estás en medio de un terremoto! ¡Refúgiate debajo de una mesa resistente y agárrate con fuerza!

FALLA DE SAN ANDRÉS, CALIFORNIA

EN MOVIMIENTO

Enormes pedazos de roca cubren la **corteza** de la Tierra como si fueran piezas de un rompecabezas. Estas rocas se llaman placas tectónicas. En el lugar donde se encuentran dos placas, se forma una **falla**.

Los pedazos siempre se están moviendo. Están tratando de ajustarse mejor.

UNA BUENA SACUDIDA

Los terremotos ocurren cuando una placa se desplaza repentinamente con respecto a otra. Las placas liberan energía que hace que la superficie se sacuda. A veces, el suelo también se abre.

Los terremotos comienzan en lo profundo de la Tierra. La energía se mueve hacia arriba, de capa en capa. Esto produce **ondas sísmicas**.

ONDAS SÍSMICAS

EPICENTRO

GRANDES Y PEQUEÑOS

Algunos terremotos son tan pequeños que nadie los siente. Otros derriban edificios y destruyen ciudades. Los terremotos pueden provocar deslizamientos de rocas y lodo en las colinas. Pueden causar **tsunamis**. Y también pueden activar volcanes.

ENCONTRANDO FALLAS

Los lugares que están sobre fallas activas tienen más terremotos. En Japón, China, e Indonesia, han ocurrido muchos terremotos. California se encuentra sobre la Falla de San Andrés. Allí también hay terremotos.

FALLA DE SAN ANDRÉS, CALIFORNIA

SAN FRANCISCO, 1906

EJEMPLOS DE TERREMOTOS

El 26 de diciembre del 2004, un terremoto en el Océano Índico ocasionó al menos cinco tsunamis. Más de 200,000 personas murieron. En 1906, un terremoto sacudió la ciudad de San Francisco en California. Las personas podían ver cómo el suelo se abría ante sus ojos.

¡Ten cuidado con el daño producido por un terremoto! Puede ser inestable. A veces, también pueden ocurrir más terremotos.

ACTIVIDAD: HAZ UN DETECTOR SÍSMICO

Materiales

Papel

Caja de zapatos vacía

Tijeras

Lata de sopa

Cinta adhesiva

Marcador de punta de fieltro que tenga tapa con un sujetador

Cuerda

1. Coloca un pedazo de papel sobre una mesa o escritorio.

2. Quítale la tapa a la caja de zapatos y corta una ranura de una pulgada (2.5 cm) en la mitad de la caja, a más o menos una pulgada (2.5 cm) del extremo.

3. Coloca la caja de forma vertical. Mete la lata de sopa dentro de la caja para sostenerla.

4. Coloca la tapa sobre la caja para formar una L invertida y pégala con cinta.

5. Quítale la tapa al marcador y colócala en el otro extremo del marcador. Amarra la cuerda al sujetador de la tapa. Luego pasa el otro extremo de la cuerda por la ranura de la tapa. Ajusta la cuerda para que la punta del marcador apenas toque el papel.

6. Tira lentamente del papel debajo del marcador. Observa lo que sucede con la línea cuando un amigo tropieza contra la mesa o pisa con fuerza. ¡Así es, más o menos, la manera como los científicos miden el movimiento de la Tierra!

GLOSARIO

corteza: la capa externa de la Tierra

falla: un lugar donde los pedazos de la corteza terrestre se encuentran y se mueven uno con respecto al otro

ondas sísmicas: ondas de energía que viajan a través de las capas de la Tierra

tsunamis: olas grandes causadas por terremotos submarinos

ÍNDICE